Seelengeflüster

- **Fühl' doch** mal -

Anleitungs- und Übungsbuch

**Das Wirkliche
geschieht in der Stille.**

Bibliografische Information der Deutschen Nationalbibliothek:
Die Deutsche Nationalbibliothek verzeichnet diese Publikation in
der Deutschen Nationalbibliografie; detaillierte bibliografische
Daten sind im Internet über www.dnb.de abrufbar

© 2015 Gabriele Nowotzki, Köln

Alle Rechte vorbehalten
www.seelencoaching.org

Lektorat, Korrektorat:
Margret Gerards

Herstellung und Verlag:
BoD – Books on Demand, Norderstedt

ISBN 978-3-7386-1947-8

Vorwort

Dieses Buch ist geschrieben für all jene, die ihrer augenblicklichen, persönlichen Situation und Erlebnisweise unserer Welt etwas anderes, neues hinzufügen möchten.

Es wendet sich an meine "ermüdeten" Mitmenschen, hinsichtlich der vielfältigen Meldungen und Reizüberflutungen in den unterschiedlichsten Medien. An diejenigen die spüren, da muss es doch noch etwas anderes geben.

Die nachfolgenden Zeilen wenden sich an all jene, die einen persönlichen Aufbruch ersehnen, ahnen und intuitiv wissen: **'sei selbst die Veränderung'**, die du in der Welt wünscht.

Der Geist dieser Zeilen möge Ermutigung sein, sich selbst auf den eigenen Weg hin zu seiner inneren Mitte zu begeben und beherzt darauf voranzuschreiten: hin zu Selbstentdeckung, -befreiung und -entwicklung.

Wandel beginnt in einem jeden von uns selbst.

Lasst uns unsere Welt so vorstellen, wie wir sie uns **im Grunde unseres Seins** wünschen!

Lasst uns in uns gehen, und ein jeder "s e i n e" Version von unserer Welt empfangen.
Erlauben wir uns, unsere gewünschte Sicht der Welt in unseren Alltag einzubringen und zu leben.

Dieses Buch bietet Ein-/Anleitung zu einer **neuen Lebensweise**. Es lenkt die Aufmerksamkeit auf das zunächst leise Flüstern unserer Seele, auf ein sich vertraut machen und auf das Einüben, mit ihr gemeinsam zu leben.

Weißt du, dass **sie der Sitz** aller Weisheit, Gesundheit, Freude u.v.m. **ist**? Dass sie dieses Wissen mit dir teilen will?

Alles beginnt mit einer bewussten, persönlichen Entscheidung für diesen Weg.

Dazu werden Anregungen zur Selbsterprobung und Selbstanwendung nach jedem Kapitel an die Hand gegeben.

Sie sind als **ein Geländer** gemeint für die Leser, die sie willkommen heißen. Er nutze dieses frei, wenn seine persönliche Zeit reif ist und in seinem persönlichen Rhythmus.

Ich reiche diese Beigabe als ein Bonbon. Weißt du was passiert, wenn du alle Bonbons nacheinander aus einer Tüte isst? **Achte auf dich.**

Es geht hier

- um den Genuss. Wann ist er bei dir am intensivsten? Weniger kann mehr sein.
- und es geht um das persönliche Maß. Fühle, welches dir gut tut.

In diesem Sinne wünsche ich Freude beim Lesen sowie einen guten, klärenden und frohen Weg.

Vorwort 6

Inhaltsverzeichnis 9

1. Anklopfen 11
2. Ent-Scheid-ung 25
3. Sophie hat einen Traum 39
4. Wenn die Zeit reif ist 51
5. Glaube an mich selbst 63
6. Selbst - achtung 75
7. Auf - bruch 87
8. Sophies neues Leben 101
9. Der inneren Stimme lauschen 115
10. Der Weg ist das Ziel 127
11. Anzustrebendes Ziel 133

Nachwort 136

1.

Anklopfen

**Wenn der Wind
der Veränderung weht,
bauen manche Menschen Mauern,
andere Windmühlen.**

(chin. Sprichwort)

Sophie war Mitte vierzig, alleinstehend, eine erfolgreiche, leitende Angestellte. mit einem lebensfrohen Wesen. Doch in letzter Zeit zogen auch mal dunkle Wolken an ihrem Horizont auf.

Der Auslöser war ein beruflicher Konflikt, der sich über viele Monate hinzog. Sophie glaubte, dass es in diesem Fall nicht um eine inhaltliche Auseinandersetzung ging. Es gab eine einfache Lösung; der Konfliktpartner wurde versetzt und alles konnte wieder weiter reibungslos funktionieren.

Eigentlich konnte Sophie darüber glücklich und zufrieden sein, doch innerlich wurmte sie der Umgang mit dem Personal, mit den Menschen.

Kurz nach Konfliktende stellte sich eine Entzündung und Veränderung in ihrer Brust ein. Bei einem Arztbesuch, nach Einsicht der Röntgenbilder, wurde diese Veränderung zunächst mit Antibiotika behandelt. Ca. 3 Wochen nach Behandlungsende stellte sich erneut eine Entzündung ein. Dieses Mal stärker als zuvor. Beim Vergleich der Röntgenbilder stellte sich heraus, dass sich diese Veränderung massiv vergrößert hatte. Aufgrund der Aggressivität sprachen die Ärzte von einem schnell wachsenden, bösartigen Tumor, der sofort operativ entfernt werden.

So schnell kann es gehen. Schwupps! Ist man in dieser "Gesundheits-Maschinerie" drin, sprach es in Sophie. Von den Ärzten wurde sie auf das Schlimmste vorbereitet, eine Operation mit Hauttransplantation, anschließender Chemotherapie usw....

Freunde und Familie standen ihr bei.- und doch - in so vielen anderen Momenten, fiel sie in eine plötzliche Tiefe, in der Sophie sich im Grunde ihres Wesens und Seins alleine fühlte. Durch dieses lebensbedrohende Ereignis war sie schlagartig innerlich an einem Punkt angelangt, wo sie das Allein-Sein spürte, ihm förmlich ausgeliefert war. Warum musste es so weit kommen? dachte sie.

Während dieser Zeit erinnerte sie sich an einen Vortrag, den sie selbst in ihrer Studienzeit ausgearbeitet und als Referat vor den anderen Studenten gehalten hatte. Inhalt war die östliche Auffassung über den Menschen. Diese verstand den Menschen als eine Einheit zwischen Körper, Seele und Geist. Auch Sophie glaubte an diese Einheit.

So suchte sie die Stille und fand sie im Krankenhausbetrieb eigentlich nur in der Kapelle. Hier war es ruhig, und das bot ihr den Rahmen, zu sich selbst zu kommen. Sie stellte sich ihrer Situation und. ihren seit längerem auftauchenden Gedanken: wie geht es so im Berufs- und Gesellschaftsleben zu? Wie ist der mitmenschliche Umgang im Allgemeinen?

Weiter: Warum bin ich eigentlich hier in dieser Welt ? Wer bin ich im Grunde meines Seins? Mit all diesen Fragen übergab Sophie sich ganz dem Leben, dass eines Tages hier in ihrem Körper erwacht war.

Weiter verstand sie zu diesem Zeitpunkt noch nicht viel. Aber sie spürte eine tiefe um sich greifende Gewissheit, dass sie diesem Leben, diesem Lebenskern in ihrem Körper trauen konnte. Ein tiefer Friede breitete sich in ihr aus, wie sie ihn bislang niemals bewusst verspürt hatte.

Nach der OP teilte man ihr mit, dass der Befund wider erwarten negativ war. Gott sei Dank! Der Tumor war letztendlich doch gutartig. Sophie freute sich sehr darüber. Gleichzeitig hallte in ihr dieser tiefe, innere, unbeschreibliche Friede weiter nach, der sie nun in ihren Alltag begleitete.

Zum Glück war sie noch einige Tage krankgeschrieben. So konnte sie sich wieder langsam in ihren Alltag einfinden. Sie wunderte sich selbst darüber, dass die Nachwirkungen der Narkose noch einige weitere Tage, nachdem sie bereits Zuhause war; zu spüren waren. Sie fühlte sich schneller müde und kraftlos. Aber mit jedem Tag nahm ihre Kraft wieder zu.

Die Erfahrung dieses tiefen Friedens, dieser tiefen, inneren, unbeschreiblichen Zuversicht klangen weiterhin in ihr nach. Sophie war sehr froh darüber. Damit einher ging aber auch ihr existenzielles Suchen und Fragen.

Sophie verspürte, sie wollte mehr alleine sein, allein in der Natur, weitab von der Stadt. Als sie sich wieder gut bei Kräften fühlte, fuhr sie eines Tages mit dem Auto raus aus der Stadt an einen entlegeneren Ort am Rhein.

Sophie überquerte den Parkplatz, gelangte an eine Treppe, die den Deich hinaufführte. Sie stieg die Treppe hoch, oben angelangt, erschien es ihr fast unglaublich. Sie stand vor einer wunderschönen Landschaft, mit weiten Wiesen, soweit das Auge reichte und mit einigen Bäumen. Das Land lag wie unberührt vor ihr. So kam es ihr zumindest vor.
Jetzt bemerkte Sophie, dass sie auf einem Radweg stand, der auf dem Deich längs des Rheins führte. Links von ihr verlief der Rhein. Sie war ganz überwältigt. Alles lud hier zu einem Verweilen ein, zu einem "in Sich gehen". Sie ging den Deich auf der anderen Seite hinunter und begab sich zum ca. 100 m weiterliegenden Fußweg ebenfalls den Rhein entlang. Es kam ihr vor, als ob heute etwas Besonderes in der Luft lag. Kennst auch du dieses Gefühl?

Unterwegs traf Sophie auf einige Spaziergänger; einige gingen mit ihrem Hund, andere zu zweit, wieder andere gingen, so wie sie selbst, alleine spazieren. Im Gegensatz zur Stadt grüßte man sich hier freundlich.

Sophie **spürte hin** zu dieser Landschaf .- zu dieser Weite, zu dieser Stille. Damit bot sie ihrem inneren Suchen einen Raum. Sie spürte in sich hinein, es war wie ein Aufspüren des Geheimnisvollen, des Lebens in sich selbst.

Während ihres Gehens war Sophie ganz bei sich. Sie bemerkte, dass sich - fast wie von selbst - ein Rhythmus bei ihrem Gehen ergeben hatte. Sie ging in ihrem eigenem Tempo, so wie es für sie angenehm war. Ihr wurde bewusst, ich habe meinen eigenen Rhythmus gefunden.

Wie aus dem Nichts tauchte es plötzlich weiter aus ihr auf: Beim Einatmen atme ich diese Stille, diese Reinheit, das Leben ein und beim Ausatmen lasse ich alles Verbrauchte, Belastende wieder los.

Sophie ging in ihrem eigenen Rhythmus weiter, achtsam, was in ihrem Innern auftauchte.

So stellte sich unvermittelt beim Gehen aus ihrem Inneren eine Frage ein: "Was erwarte ich eigentlich vom Leben, von meinem Leben"?

Sophie spürte dieser Frage nach. Ja, welche Erwartungen habe ich an mich, habe ich an mein Leben? So fragend ging sie weiter.

Als sie den Kopf anhob, sah sie in der Ferne wie viele Vögel auf den verschiedenen Strommasten saßen. Es sah so aus, als ob sie eine Versammlung abhielten.

Wo bin ich eigentlich Zuhause?, tauchte es aus ihr auf. Sie spürte in sich hinein: "Zuhause ist da, wo dein Herz ist", heißt es. Wo ist mein Herz, hörte sich Sophie fragen.

Nach einer ganzen Weile bemerkte sie, dass sie schon weit gelaufen war und dass es ratsam wäre umzukehren. Sophie entschied sich für einen Rückweg unten am Ufer des Rheins entlang, über das kiesbedeckte Rheinufer.

Gedankenverloren sah sie dabei den Schiffen nach. Einige lagen tief im Wasser. Andere ragten mehr heraus. Immer wenn ein Schiff an ihr vorbeifuhr, schwappten einige Wellen hin zum Ufer.

Sophie ging weiter in ihrem Rhythmus und sinnierte dabei: **der Rhein war vor mir da**, und wird wohl auch nach mir noch weiterhin da sein. Sie **erspürte so ihren Platz** in der Menschheitsgeschichte. Weiter tauchte aus ihr auf: dem Rhein ist es egal, wenn einige Schiffe sich auf ihm hin und her bewegen, oder ob Menschen darin baden und Fische darin schwimmen. "**Der Rhein ist und bleibt Rhein**".

Langsam begann es zu dämmern. In der Ferne sah sie auf der gegenüberliegenden Rheinseite einen Campingplatz, einige Fenster der Wohnwagen waren schon von innen her beleuchtet.

Sophie fühlte sich wohl. Dort in der Ferne die Lichter, an ihrer Seite einige erleuchtete, vorbeifahrende Schiffe und sie allein - hier am Rheinufer - es fühlte sich fast so an wie:

Allein im Universum.

Sie saugte all diese Erlebnisse in sich auf, ging beschwingt zurück zu ihrem Auto und machte sich so auf ihren Heimweg. Es war ein schöner Nachmittag gewesen, angefüllt mit vielen tiefen Momenten, obgleich, etwas Fassbares hatte sie nicht erlebt, aber sie spürte so etwas wie: es sind **"Perlen für die Ewigkeit"**.

Fragen

1. Wie empfindest du den Umgang miteinander in deinem persönlichen Berufs- und Gesellschaftsleben?
   Was macht das mit dir? Spüre hin zu dir?
   Überwiegen aufbauende Momente?
   Oder?

2. Gibst du dir selbst die Erlaubnis, etwas Gutes - das BESTE - für dich persönlich zu wollen? Oder womit gibst du dich zufrieden?

3. Erlaubst du dir deine Unzufriedenheit zu spüren, dich ihr bewusst zu stellen und sie zu wandeln?
   Erlaubst du dir dein inneres Suchen?....
   Da muss doch noch etwas anderes sein.....

4. "Was erwartest du eigentlich vom Leben, von deinem Leben "?

5. Wo fühlst du dich Zuhause?

Impulse

1. Eine bewusste Entscheidung für ein bewusstes Sein anstelle von einem Funktionieren, hat es für dich etwas Verlockendes?

    Oder? Was hindert dich daran bewusst zu leben, bewusster zu leben?

2. Hast du schon mal daran gedacht, etwas in deinem Leben anders zu machen, etwas Neues in deinem Leben auszuprobieren, z.B. eine neue Verhaltensweise oder das Aufsuchen einer Gruppe, die sich mit solchen Themen befasst?

    Möchtest du etwas suchen, was deine Lebensqualität fördert?

    Gegebenenfalls. eine persönliche Begleitung?

3. Du vermisst z.B. in der Gesellschaft etwas für dich Wesentliches. Kamst du schon einmal auf die Idee, dir selbst die Erlaubnis zu geben, es durch dich selbst ins Leben zu bringen und es dann so zu erfahren ?

4. Was glaubst du persönlich:

   Wo b e g i n n t Veränderung?

5. Bist du bereit dazu?   Jetzt ?

   Oder worauf wartest du noch?

2.

Entscheidung

**Jedermann klagt
über sein Gedächtnis,
niemand über seinen Verstand.**

(Francois de la Rochefoucauld)

Bereits kurze Zeit später konnte Sophie wieder ihre Arbeit aufnehmen. Schnell befand sie sich wieder in ihrem alten Rhythmus und auch in den alten Umgangsformen.

Anfangs klang diese tiefe, angenehme Erfahrung der Stille noch nach, doch je mehr Sophie sich wieder im altbekannten Trott befand, verblasste sie mehr und mehr.

So vergingen einige Monate, dann stellte sich ein weiteres "Warnzeichen" ein, dieses Mal waren es Herz-Rhythmus-Störungen. Es schien, dass das Schicksal es gut mit Sophie meinte. Sie ahnte dass wohl ein Zusammenhang bestand zwischen dem erlebten beruflichen Druck und ihrem gesundheitlichen Zustand. Was machte das mit ihr? Wie ging sie damit um und wie lebte sie damit.

Bereits durch die Tumorerkrankung war Sophie etwas feinfühliger für sich selbst, für ihr inneres Erleben geworden. Als jetzt diese Herz-Rhythmus-Störungen auftauchten, läuteten förmlich die Alarmglocken in ihr.

Hinzu kam eine große Verstimmung über die Art und Weise, wie sie von ihrem Arzt (wie alle anderen Patienten auch) behandelt wurde. Der verschrieb ihr ein Medikament, ohne weiter weder auf die äußeren Umstände einzugehen, noch andere Handlungsweisen aufzuzeigen, noch darauf hinzuweisen, dass diese Tabletten fortan ein Leben lang einzunehmen waren.

Durch alle diese Ereignisse und Erlebnisse wurde ihr inneres Rufen immer lauter, ja es war für Sophie jetzt unüberhörbar. Es schrie förmlich **nein** in ihr. So wollte sie nicht mehr weiter leben. Ihr Leben, ihr Können und ihre Fähigkeiten für ein System einzusetzen, das sie begonnen hatte zu hinterfragen und offensichtlich nicht mehr gut heißen konnte.

Aber was tun? Auf Distanz gehen? Alles hinschmeißen? Gleichzeitig ahnte sie auch, wenn sie jetzt weiter dabei bliebe, würde sie gegen sich selbst leben, gegen ihr Inneres, gegen ihre Überzeugung. Dies wäre der beste Weg - über kurz oder lang - in einem Burnout zu landen. Da muss es doch noch was anderes geben, schallte es immer lauter in ihr.

Sophie erinnerte sich einer Geschichte: **Zwei Wölfe...**

Ein alter Indianer saß mit seinem Enkelsohn am Lagerfeuer. Die Nacht hatte sich über das Land gesenkt und das Feuer knackte und krachte, während die Flammen hoch hinaus in den Himmel züngelten.

Nach einer langen Weile des Schweigens sagte der Alte zu seinem Enkel : "Weißt du, manchmal fühle ich mich, als wenn zwei Wölfe in meinem Herzen miteinander kämpfen würden. Einer der beiden ist rachsüchtig, aggressiv und grausam. Der andere hingegen ist liebevoll, sanft und mitfühlend."

"Welcher der beiden wird den Kampf um dein Herz gewinnen?" fragte der Junge.

"Der Wolf, den ich füttere." antwortete der Alte.

Verfasser unbekannt

Sophie wandte diese Geschichte auf ihre augenblickliche Situation an. Wenn ich jetzt dieser rationalen Seite, dem Funktionieren müssen, dem Funktionieren - wollen, dem Vorzug gebe, weiß ich, dass ich weiterhin krank bleibe, mit hoher Wahrscheinlichkeit noch kränker werde.

Sie erkannte hier einen Zusammenhang und spürte, dass sie förmlich dieser leisen inneren Stimme den Vorrang geben musste, um weiterzukommen und um gesund zu werden. Komisch dachte Sophie, wir alle leben in dieser Welt, leben unter ähnlichen oder den gleichen Bedingungen und was macht das mit einem jeden von uns? Wer geht diesen Weg, wer entscheidet sich für ein Leben in Gesundheit, im Einklang mit seinem Innern ????? Oder, nahm ich vielleicht bislang nicht alles wahr, was sich so im Innern, im verborgenen der Gesellschaft regte? Sie kannte auf jeden Fall keinen in ihrer unmittelbaren Nähe, die/der sich auf einen solch innerlichen Weg eingelassen hatte.

Und in Sophie selbst: was überwog in ihr? Der Unmut so weiter zu leben, zu funktionieren und dabei krank zu werden oder ihr Mut, diesen Schritt in etwas Neues, Unbekanntes zu wagen?

Klar, je öfter sie diesem Gedanken nachhing, wuchs in ihr die Neugierde und auch der Mut, diesen Schritt dann endlich zu wagen.

Beim morgendlichen Lesen fand sie heute auf tageschau online http://www.tagesschau.de/:

Stresstest" bei der EZB
Hoher Arbeitsdruck in der Europäischen Zentralbank (EZB) geht zu Lasten der Gesundheit der Mitarbeiter. Zu diesem Ergebnis kommt die EZB Gewerkschaft IPSO und schlägt Alarm. Sie warnt vor hohen Burnout-Risiken.

(vom 09.12.14)

Endlich dachte Sophie, erkennen auch andere dies und machen es öffentlich. Für sie persönlich entschloss sich Sophie - mit der guten Erfahrung aus der Stille im Krankenhaus - sich dieser Frage, diesem Konflikt in ihr selbst zu stellen.

Sie spürte und wusste, wenn ich eine neue Situation will, muss ich etwas verändern. Sie erinnerte sich an eine Aussage von Albert Einstein der über den Wahnwitz der Menschheit sprach, die oft bei gleichbleibendem Verhalten Veränderungen wünschten.

Sophie spürte massiv, dass sie etwas verändern musste. Sie begann verschiedene Bücher über das Leben zu lesen, ja fast zu verschlingen. Sie fuhr nach der Arbeit, nach dem Essen mit dem Rad in die Natur. Sie wollte etwas tun, um sowohl in der Natur zu sein und um Stille zu ermöglichen als fruchtbarer Boden, um so eine Antwort in und aus sich selbst zu erhalten, das erhoffte sich Sophie.

Eines Tages, während Sophie so nachsinnend spazieren ging, kam es ihr:

>Ich kann so viel lesen wie ich will, es ist und bleibt immer nur ein Anreiz, eine Anregung von außen.

Es mir persönlich zu eigen machen, es in mir spüren, selbst - eigenverantwortlich gehen - muss ich meinen Weg allein. Dies kann kein anderer für mich tun. Ebenso wenig kann ich den Weg für einen anderen gehen, geschweige ihm einen Weg vorgeben.

Wie anders ist doch unsere Welt, unser Umgang miteinander. Wir erziehen unsere Kinder zu dem, was wir für sie als gut befinden. Ist es wirklich gut für unsere Kinder? Gut meinen ist nicht gleich gut sein für die jeweilige Entwicklung des einzelnen Heranwachsenden oder auch Erwachsenen. Ja, eigentlich müssten wir unsere Kinder zur Selbständigkeit erziehen, zum Herauskitzeln ihrer jeweiligen Gaben, die ein jeder von uns hier auf die Welt mitgebracht hatte. Statt dessen sind wir fast beim Gegenteil angekommen. Hauptsache funktionieren, egal wie es innen aussieht.

Sophie spürte: **"Ich bin der Weg"** ....
Das war ihr Inneres erleben.

Ja .... ich selbst bin der Weg, mein Weg.

Sophie war erstaunt und erfreut zugleich über dieses innere Erleben und über die ihr geschenkte Erkenntnis. Egal wie z.Z. unsere Welt, unsere Gesellschaft ist und war, egal nach welchen Kriterien, Maßstäben sie derzeit noch lebt, sie wollte ihre Lebensumstände verändern, dieser Stille in ihr mehr Raum geben.

Sie lebte so eine Zeitlang: weiterhin ihrer Tätigkeit nachgehend, jetzt jedoch irgendwie innerlich wacher, bewusster und sie ging öfter nach der Arbeit alleine spazieren. So reifte in ihr ein Entschluss, sich aus diesem "Hamsterrad" einige Zeit auszuklinken und dem Nachspüren in ihrem Innern eine Weile Vorrang zu geben.

Als alleinstehende, leitende Person hatte sie ein kleines finanzielles Polster erarbeitet. Sie entschloss sich zu einem Umzug in eine ländlichere Gegend, in eine Wohnung mit Garten. Gartenarbeit und in der Natur sein hatten ihr schon immer zugesagt.

Sophie spürte, so komisch wie es sich anhören mag, aber sie wollte die meiste Zeit des Tages darauf verwenden, dieser Stille in ihr Raum zu geben, der Frage nachgehend, wer sie im Grunde ihres Seins wirklich war. Sie wollte einen großen Teil der Zeit für sich verwenden. Irgendetwas noch Unerklärliches drängte sie innerlich, schupste sie förmlich in diese Richtung, einen inneren Weg, ihren eigenen Weg zu gehen. Aber wie?

Klar, sie wusste darum, dass ihr die Vormachtstellung einer leitenden Position fehlen würde, ebenso die altbekannten Kollegen, der bekannte Ort usw.. Aber sie spürte auch einen starken inneren Reiz, es auszuprobieren. Wie es sich anfühlte, sich nicht abhängig zu machen.... sich z.B. von Anerkennung und beruflichem Erfolg im Grunde zu befreien und etwas Neues in ihr selbst dadurch beginnen zu lassen.

In mir steckt mehr, fühlte sie. Ihre Freunde und Familie verstanden sie nicht so richtig, aber sie respektierten sie. Ja, es gab auch Vereinzelte, die sie für diese Entscheidung bewunderten, "Ich wäre nicht dazu in der Lage", äußerten sie.

Fragen

1. Hinterfragst auch du unser berufliches, gesellschaftliches Miteinander ?

    Was "stößt dir am meisten auf" ?

    Weißt du darum, dass das, was dich am meisten stört, im Grunde - durch deine Akzeptanz - zu deiner persönlichen Stärke hin verwandelt werden will?

    Erkennst du diesen **Schlüssel** zu etwas Neuem?

    Willst du ihn nutzen ?

2. Welchen "Wolf" fütterst du in dir?

    Bewusst?

3. Achtest du dich selbst......?
    wenn du dich selbst nicht achtest, wer achtet dich dann?

Von wem erwartest du dann Achtung?
und ... Wie wirst du behandelt?
Wie lässt du dich behandeln?
Wie willst du behandelt werden?

4. **Ja .... zu deinem Inneren! Ja zu dir selbst !**

Es höher einschätzen als alle anderen, äußerlichen Annehmlichkeiten.

Wer wagt gewinnt.

Alles auf eine Karte setzen.

Impulse

1. Möchtest du ein neues Verhalten in deinem Leben ausprobieren?

   Spüre in dich hinein und fühle, wo du dich verändern möchtest.

   Stelle dir bewusst vor, wie du in gewissen Situationen im Alltag wirken willst, übe es ein!

   Bleibe darauf konzentriert und aufmerksam.

2. **Respekt**ierst du dich selbst, deine Gefühle?

   Wenn du dich selbst nicht respektierst, von wem erwartest du Respekt?

   Mache dir eine Liste, wo du im Alltag wünschst dich selbst zu respektieren. Übe es im Alltag ein.

3.

Sophie hat einen Traum

**Das Große ist nicht,
dies oder das zu sein,
sondern, man selbst zu sein.**
(Sören Kierkegaard)

Sophie hatte die Kündigung eingereicht. Jetzt waren die Weichen gestellt. Sie spürte, dass sie sich langsam aus diesem gesellschaftlichen System befreite und freier wurde von deren Auswirkungen auf sie selbst und ihr Leben. Gleichzeitig brachte es auch eine gehörige Portion Unsicherheit mit sich, aber sie war fest entschlossen sich ihr zu stellen.

Jetzt war sie die Verursacherin, von dem was in ihrem Leben passierte und es fühlte sich gut an, trotz Unsicherheit, Unverständnis sowohl von außen, aber auch noch in ihr selbst. Sophie selbst verstand es auch nicht ganz. Aber sie fühlte, es ist richtig für mich, es fühlte sich gut an.

Dieser Tage fiel ihr folgende Geschichte auf:

Der Adler

Es war einmal ein Mann, der in den Wald ging, um sich einen Vogel zu fangen. Er kam mit einem jungen Adler zurück, den er dann zu seinen Hühnern in den Hühnerhof sperrte. Er gab ihm Hühnerfutter zu fressen, obwohl er ein Adler war, der König der Vögel.

Nach einigen Jahren kam ein Naturforscher zu Besuch. Er erblickte den Adler und rief aus: "Aber das ist doch kein Huhn dort, das ist ein Adler!"

"Stimmt.", sagte der Mann, "Aber ich habe ihn zu einem Huhn erzogen. Er ist jetzt kein Adler mehr, sondern ein Huhn, auch wenn er eine Flügelspanne von drei Metern hat.

"Oh nein", sprach da der Forscher. "Er ist noch immer ein Adler, denn er hat das Herz eines Adlers. Und das wird ihn hoch hinausfliegen lassen in die Lüfte."

Der Mann aber schüttelte den Kopf: "Nein, er ist jetzt ein richtiges Huhn und wird niemals fliegen."

Die beiden Männer beschlossen, es auszuprobieren. Der Forscher ließ den Adler auf seinen Arm springen und sagte zu ihm: "Du, der du ein Adler bist, der du in den Himmel gehörst und nicht auf die Erde: breite deine Schwingen aus und fliege!"

Der Adler saß auf dem gestreckten Arm des Forschers und blickte um sich. Hinter sich sah er die Hühner nach ihren Körnern picken und sprang zu ihnen hinunter.
Der Mann lachte und sagte:
"Wie ich es sagte: er ist jetzt ein Huhn."

"Nein", sagte der andere, "er ist ein Adler. Ich versuche es morgen noch einmal."

Am nächsten Tag stieg er mit dem Adler auf das Dach des Hauses, hob ihn empor und sagte: "Adler, der du ein Adler bist, breite deine Schwingen aus und fliege!"

Aber als der Adler wieder die scharrenden Hühner im Hofe erblickte, sprang er abermals zu ihnen hinunter und scharrte mit ihnen.

Da sagte der Mann wieder:
"Ich habe dir gesagt, er ist ein Huhn."

Doch der Forscher schüttelte den Kopf und sagte: "Nein, er ist ein Adler und er hat noch immer das Herz eines Adlers.

Lass' es uns noch ein einziges Mal versuchen; morgen werde ich ihn fliegen lassen."

Am nächsten Morgen stand der Forscher früh auf, nahm den Adler und brachte ihn hinaus aus der Stadt, weit weg von den Häusern an den Fuß eines hohen Berges.

Die Sonne ging gerade auf und vergoldete den Gipfel des Berges. Jede Zinne erstrahlte in der Freude eines wundervollen Morgens.

Er ließ den Adler wieder auf seinem Arm sitzen und hob den Arm hoch:

"Du bist ein Adler.
Du gehörst dem Himmel und auf die Erde.
Breite deine Schwingen aus und fliege!"

Der Adler blickte umher und zitterte, als erfülle ihn neues Leben, aber er flog nicht.

Da ließ ihn der naturkundige Mann direkt in die Sonne schauen. Und plötzlich breitete der Vogel seine gewaltigen Flügel aus, erhob sich mit dem Schrei eines Adlers, flog höher und kehrte nie wieder zurück.

*Er war ein Adler,
obwohl er wie ein Huhn aufgezogen und gezähmt worden war!*

*(**Hinweis**: Diese Geschichte stammt aus Afrika und sie endet im Original mit folgendem Aufruf: "Völker Afrikas! Wir sind geschaffen nach dem Ebenbilde Gottes, aber Menschen haben uns gelehrt, wie Hühner zu denken, und noch denken wir, wir seien wirklich Hühner obwohl wir Adler sind. **Breitet eure Schwingen aus und fliegt!** Und seid niemals zufrieden mit den hingeworfenen Körnern.")*

*(aus: **Geschichten für Sinndeuter**, S. 10, Georgs-Verlag Düsseldorf)*

Oh, dies passte zu mir, es traf auf mich selbst zu, durchfuhr es Sophie. Sie nahm immer deutlicher wahr, dass unser gesamtes gesellschaftliches Zusammenleben, das Berufsleben, dieses Funktionieren ihr innerlich und dem inneren Weg zu wider lief. Ob das ein Zeichen von Zivilisation, von Fortschritt ist?

Deswegen wog wohl ihre Entscheidung so schwer, weil es halt noch so ganz anders war, weil auch so viel dadurch in ihr selbst zerbrach.

Gleichzeitig spürte sie, wenn doch schon so viele Mitmenschen sehr stark unter unserer Art zu Arbeiten und unserer Art zu leben litten, warum hielten sie so lange durch? Warum machen wir alle so lange mit? Nehmen dafür Krankheiten in Kauf, Unzufriedenheit u.ä.m.?
Klar es ist augenscheinlich einfacher mit zu laufen, mit zu nörgeln. Aber, um welchen Preis? Was machte das mit jedem Einzelnen von uns?

In anderen Ländern sowohl Europas als auch außerhalb, gingen und gehen Menschen auf die Straßen, um für etwas einzustehen, für ihre tiefste Überzeugung, für ihre Wünsche, für ein menschenwürdiges Miteinander. Wo waren und wo sind wir hier in Deutschland?, fragte sich Sophie. Wie lange können wir es noch innerlich aushalten? Was lähmt uns? Wovor haben wir Angst? Was hält uns davon ab, zu uns selbst zu stehen? - A U F Z U S T E H E N?

Spüren meine Mitmenschen nichts? Oder wird dieses kleine, innere Stimmchen mit irgendetwas zugedröhnt, mit mehr Arbeit, mit einem möglichen Ersatz wie Alkohol oder Drogen, mit Konsum?

Für sich persönlich ahnte Sophie auf jeden Fall, dass es augenblicklich wohl darum ging, ihrem Innern in ihrem Leben, mehr und mehr Raum, mehr Aufmerksamkeit zu schenken.

Fragen

1. Leidest du auch oder bist du eher ein "Verursacher" deiner Lebens-umstände?

   Schreibe es auf! Wie gehst du bislang damit um?

2. Wünschst du, ein Verursacher/-in deiner Lebensumstände zu sein?

   Bist du bereit etwas dafür zu tun?

   In welchen Bereichen willst du es?

3. Was ist dein Wunsch an ein berufliches, gesellschaftliches Mit-einander?

   Was kannst du dazu beitragen, dass es so wird?

4. Was hilft dir, dies selbst für dich und deine Umwelt zu leben?

   Was hindert dich?

Impuls

Was zur Zeit noch eine Schwäche ist, kann bei verantwortlicher Annahme und persönlicher Integration zu einer persönlichen Stärke werden.

Wähle einen Aspekt aus deinem Leben aus, den du dir jetzt für dich als Schlüssel zur Veränderung vornimmst!

Übe ihn ein - stets in deinem Alltag!

Halte stets die Konzentration, die Aufmerksamkeit hoch und überprüfe das Eingeübte von Zeit zu Zeit;

4.

Wenn die Zeit reif ist

**Die größte Entscheidung
deines Lebens
liegt darin,
dass du dein Leben ändern kannst,
indem du deine
Geisteshaltung änderst.**

(Albert Schweitzer)

Wenn die Zeit reif ist

Wie kann Zeit reifen?
so ließ ich meinen Geist schweifen...
Ich bin mitten in der Zeit -
ist sie reifer heut' ?
In welche Richtung ist zu sehn,
um ihren Wachstum entgegen zu geh'n ?
Oder -- geht's am Ende gar nicht um die Zeit
sondern   - um den Betrachter -
um mich selbst,
bis   - " Ich Bin Bereit" - ?

Sophie war jetzt fest entschlossen. Ja, ich will, sagte sie sich. Sie war dem Leben dankbar für all die kleinen und großen Fingerzeige, und sie war auch gleichzeitig von Stolz erfüllt. Stolz auf sich selbst, dass sie den Mut zu diesem Richtungswechsel in und aus sich selbst heraus gefunden hatte.

Sophie saß vor einem Glas Limo. Das Glas war bis zum Eichstrich gefüllt. Ja, so fühle auch ich mich gerade, sagte sich Sophie. Voll bis oben hin. Hinzu kam, dachte sie jetzt weiter so im übertragenen Sinne, angefüllt mit einem Inhalt, den ich jetzt so noch nicht einmal wollte. Dabei schaute sie gedankenverloren aus dem Fenster.

Wie kann ich den Inhalt meines Glases austauschen, Altes loslassen und mit Neuem, - was ich wünsche, im tiefsten meines Seins wünsche - füllen?, dachte Sophie.

Sie nahm ein Blatt Papier und begann so vor sich hin zu malen. Aus heiterem Himmel malte sie nach einiger Zeit einen großen Kreis, und innen drin einen etwas kleineren.

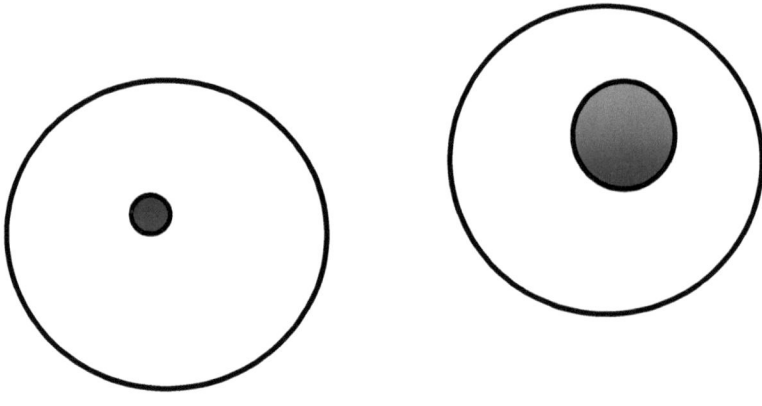

Sie schaute eine Zeitlang darauf und fragte sich: Was ist das? Was soll das bedeuten?

Nachsinnend, ging ihr allmählich ein Licht auf. Der große Kreis, dass bin ich selbst und der kleine Kreis innen drin, das ist mein Inneres, meine Seele, mein inneres Wissen, egal wie wir es nennen wollen.

Der große Kreis ist angefüllt worden im Laufe des Lebens mit vielen, teils unterschiedlichen Ideen, Gedanken, Gefühlen aus unserer Gesellschaft, Meinungen, Ideen von unseren Eltern, Lehrern, Freunden. Sie lassen oft das kleine Innere - meinen Kern, meine Seele - erst gar nicht zu Wort kommen.

Sophie erlebte es so, dass der kleine Kreis oft überlagert und zugeschüttet wurde und wird.

Sie spürte, dass es sich um einen Weg zunächst nach innen handelte.

In uns selbst ist etwas grundgelegt, das uns führen kann und führen will. Vielmehr noch, in ihr selbst wuchs die Vermutung hin, zu einem **Verständnis, wenn sie im Einklang mit ihrem Innern lebte, führte unser Kern, unsere Seele selbst uns hin zu Gesundheit, Ausgeglichenheit, Zufriedenheit, Friede, Glück u.v.m.**.
Sie spürte, dass es um **ein Leben im Einklang mit uns selbst**, mit unserem / mit ihrem Innern ging.

Es ging darum, ihrer inneren Stimme Aufmerksamkeit zu schenken, ihr zu trauen, sie in ihr selbst größer werden zu lassen. Sie wollte so leben, wie sie es bislang lebte, der Stille in ihr Raum gebend. Sophie hatte bereits erfahren, das ihr die durchlebte Stille selbst das Leben offenbarte, erklärte. Dies motivierte sie weiter. Sie ahnte, es ging darum zu unterscheiden lernen, was von ihr selbst war, zu ihr selbst gehörte oder was von anderen stammte. Letztendlich ging es darum, was ihr in ihrer persönlichen Entwicklung dienlich wäre und was nicht.

Fragen

1. Ein Weg nach innen:

   Glaubst du, dass im Grunde deines Wesens eine Wahrheit grundgelegt ist, die dich und deine Geschicke, zu deinem Wohl / zu unser aller Wohl führen kann?

2. Willst du im Grunde deines Seins einer solchen Einsicht gewahr werden; gewahr sein?

3. Dachtest du schon einmal daran, dich bewusst für dein Inneres zu entscheiden? Ihm vor allem andern den Vorrang zu geben?

   Oder ...... Worauf wartest du?

4. Siehst und erlebst du einen Zusammenhang zwischen einem Leben von innen heraus geführt und dem dich lebendig fühlen, lebendig sein?

Impulse

1. **Übe es ein**; z.B. morgens oder abends für etwa 10 -15 Minuten (oder mehr: wie es dir gut tut)

   dich etwas zurück - zunehmen; in dich zu gehen.

   z.B. den Tag Revue passieren lassen; Überprüfung deiner Erlebnisweisen, Ziele, Ausrichtung deines Lebens o.ä..

2. **Erlaube dir Lebendigkeit** zu spüren, sie zu leben.

   Schau, ob du solche Momente erlebst; wie du sie ggf. fördern kannst.

5.

Der Glaube an mich selbst

Wie wenig Lärm machen die wirklichen Wunder.

(Antoine de Saint Exupery)

Glaub an dich

Glaub' an dich,

du hast das Zeug dazu.

Besser lernen aus der eigenen Quelle zu schöpfen

als *"Wasserträger"* Anderer zu sein.

Halte deine Quelle rein.

Angesichts ihrer neuen Lebensweise, tauschte sich Sophie mit einigen erlesenen Freunden und ihren Geschwistern aus, um so für sich selbst Klarheit zu erhalten, wie sie die kommende Zeit gestalten sollte.

Letztendlich wurde ihr klar, dass sie ein Sabbatjahr einlegen würde, d.h., erst einmal keiner Tätigkeit nachzugehen, um so mehr Zeit für sich selbst zu haben.

Ausschlaggebend war eigentlich diese Stille - Momente, die sie einerseits genoss, obgleich es andererseits auch nicht so einfach war, jetzt ganz anders zu leben.

Sophie verglich diesen Umstand, diesen Weg zu ihrem inneren Kern zu gelangen, mit dem Tauchen. Der Schatz ist oft an der tiefsten, oft an der dunkelsten Stelle im Meer zu finden. Ich kann z.B. nur 1 oder 2 Stunden täglich tauchen, dann muss ich wieder auftauchen, um wieder oberhalb der Wasseroberfläche zu bleiben und zu leben. Nun, beim nächsten Tauchgang, wenn ich dann wieder nur 1 - 2 Stunden zur Verfügung habe, komme ich wieder nicht tiefer. Ich kann zwar ein anderes Tauchgebiet wählen, aber die Tiefe bleibt. So begrenze ich mich nur selbst.

Diese Erkenntnis war für Sophie ausschlaggebend, um sich selbst ganz zu befreien. Sie konnte so lange frei tauchen, bis sie den Schatz, ihren Schatz fand.

Sophie wusste darum, dass nicht alle Menschen ein und denselben Weg wählen, aber auch darum, dass einer / oder mehrere den Schatz suchen und finden, dass er aber für alle, für die gesamte Menschheit von Interesse und von wert sein kann und ist.

Wie die Geschichte lehrt, spricht man von manchen Schätzen sogar noch nach mehreren Jahrhunderten, gar Jahrtausenden.

Sophie selbst erlebte die Welt als eine große Menschheitsfamilie. Sie ahnte, dass nicht alle unbedingt das Gleiche tun müssen, sondern dass wir uns alle hier auf dieser Erde, hier in unserer Welt, auf die eine oder andere Art gegenseitig ergänzten.

Einer für alle und alle für einen.

In diese Überlegungen hinein sprach Sophie folgende besondere Geschichte an:

Der Junge dem ein Arm fehlte

Es war einmal ein Junge. Er war mit nur einem Arm auf die Welt gekommen, der linke fehlte ihm.

Nun war es so, dass sich der Junge für den Kampfsport interessierte. Er bat seine Eltern so lange darum, Unterricht in Judo nehmen zu können, bis sie nachgaben, obwohl sie wenig Sinn daran sahen, dass er mit seiner Behinderung diesen Sport wählte.

Der Meister, bei dem der Junge lernte, brachte ihm einen einzigen Griff bei und den sollte der Junge wieder und wieder trainieren. Nach einigen Wochen fragte der Junge: "Sag, Meister, sollte ich nicht mehrere Griffe lernen?"

Sein Lehrer antwortete: "Das ist der einzige Griff, den du beherrschen musst." Obwohl der Junge die Antwort nicht verstand, fügte er sich und trainierte weiter.

Irgendwann kam das erste Turnier, an dem der Junge teilnahm. Und zu seiner Verblüffung gewann er die ersten Kämpfe mühelos. Mit den Runden steigerte sich auch die Fähigkeit seiner Gegner, aber er schaffte es bis zum Finale.

Dort stand er einem Jungen gegenüber, der

sehr viel größer, älter und kräftiger war als er. Auch hatte der viel mehr Erfahrungen. Einige regten an, diesen ungleichen Kampf abzusagen, und auch der Junge zweifelte einen Moment, dass er eine Chance haben würde.

Der Meister aber bestand auf dem Kampf. Im Moment einer Unachtsamkeit seines Gegners gelang es dem Jungen, seinen einzigen Griff anzuwenden und mit diesem gewann er zum Erstaunen aller.

Auf dem Heimweg sprachen der Meister und der Junge über den Kampf. Der Junge fragte: "Wie war es möglich, dass ich mit nur einem einzigen Griff das Turnier gewinnen konnte?"

"Das hat zwei Gründe: Der Griff, den du beherrschst, ist einer der schwierigsten und besten Griffe im Judo. Darüber hinaus kann man sich gegen ihn nur verteidigen, indem man den linken Arm des Gegners zu fassen bekommt."
Und da wurde dem Jungen klar, dass seine größte Schwäche auch seine größte Stärke war.

Verfasser unbekannt

Ich hab` die Wahl

Vorherbestimmt ......

tönt's oft aus einem Winkel....

doch wer sagt uns dies....

die bestimmen, wo wir hingehen sollen...?

Selbstbestimmt - frei - wählen können

dazu sind wir ins Leben gekommen.

Doch um uns herum

vieles anders erscheint....

Wie geht`s denn nun,

dieses selbst-bestimmt

in sozialen Bezügen leben.

Fragen

1. Gönnst du dir in deinem Alltag ab und zu Ruhezeiten oder innere Einkehrzeiten? Regelmäßig, damit du dich vor- und nachher darauf einstellen kannst?

2. Glaubst du an dich selbst, vertraust du dir selbst?

3. Kannst du dir vorstellen, dich und dein Leben von innen her leiten zu lassen?

4. Wenn ja, kannst und willst du dich für ein bewusstes Leben mit deiner Seele entscheiden?

5. Was würde dir dabei hilfreich sein?

6. Glaubst auch du an eine Verbundenheit aller Menschen untereinander?

Impulse

1. Nimm dir jeden Tag eine kleine Auszeit, um zu sehen, wo du zu dir selbst gestanden bist, wo du dir selbst treu geblieben bist!

   Übe es ein.

   Regelmäßig.

2. Mache dir eine Liste mit all deinen Fähigkeiten.

   Schätzt du selbst deine Fähigkeiten?

   Schaue, wo du sie bewusst einsetzen kannst.

6.

Selbstachtung

**Der leisesten Stimme in euch,
gilt es
die höchste Aufmerksamkeit
zu widmen.**

(.unbekannt)

Mit beiden Beinen im Leben stehen -

ja, so wollen uns viele sehen.

Ist es nicht besser im Lebensfluss zu schwimmen,

mal rauf, mal runter - um sich so zu trimmen ?

Was meinst du, worum es hier im Leben geht?

Oder plätscherst du nur so dahin ?

Ist schon alles zu spät?

Auf, worum geht`s im Lebensspiel?

Hindurch zu gehen durch Macht,
Attraktionen, Frequenzen mit Müh ?

Sei achtsam.

Egal wo du stehst und bist.

Die Ausrichtung - der Kern - ist wichtig, gibt allem Sinn.

Blick ich von außen heißt es im Leben stehen.

Blick ich nach innen: mich selbst respektieren.

Würdige dich selbst - sag' JA zu dir.

Was du bist - ist entscheidend -

zu dem was du durch's Leben wirst -

spürst du's ?

ICH B I N .

Die Welt funktionierte also genau andersherum derzeit. Das Außen gibt das gesellschaftliche, das berufliche Geschehen vor und das Innere eines jeden Einzelnen wird förmlich ausgeschaltet, überlagert bzw. ganz außer Acht gelassen. Wir wissen es oft nicht anders, bis es sich schließlich bei einigen mit voller Wucht, als Krankheit meldet und so um Aufmerksamkeit wirbt.

Nun unterschiedliche körperliche Symptome produzieren unterschiedliche Krankheitsbilder, die in der Regel medikamentös behandelt werden. Davon lebt ein ganzer Wirtschaftszweig; die Pharmaindustrie kann hierüber mehr Aufschluss geben.

Ja, die äußere Welt hat ihre eigenen Gesetzmäßigkeiten - ein Funktionieren - müssen. Mittlerweile ist es oft schon so, dass vorwiegend wirtschaftliche Interessen im Vordergrund stehen. Sogar im Gesundheitswesen, Pflege- und Altenheimen hat diese Denk- und Handlungsweise großen Einzug gefunden. Die Daumenschrauben werden immer weiter angezogen. Viele Pflegekräfte, Ärzte, Mitarbeiter und Helfer stürzen in eine Sinnkrise, denn durch den immer stärker werdenden Druck - immer mehr Leistung, bei weniger Personal - stehen sie oft mit den Rücken zur Wand. Wenn wir uns in der Gesellschaft umsehen, trifft dies wohl auf sehr viele unserer Berufsgruppen zu, sowohl im Dienstleistungssektor wie auch in der freien Wirtschaft..
Es ist mittlerweile Brauch, wirtschaftlich zu denken und nicht mitmenschlich.

Es wurde und es wird viel geredet, geschimpft und was weiß ich noch. Wo fängt Veränderung in der Welt an?, fragte sich Sophie. In mir doch - wenn eine (r) aus diesem Hamsterrad heraustritt, läuft es zwar weiter. Aber ich bin herausgetreten und entscheide mich bewusst für etwas anderes, das woran ich innerlich glaube und wovon ich zutiefst überzeugt bin. Klar, gibt es da auch Risiken - wie z.B. die Altersvorsorge, oder den täglichen Lebensunterhalt. Aber Sophie spürte und wusste, wenn ich mich von meinem Inneren leiten lasse, bin ich bislang immer gut damit gefahren, es hat sie immer weitergebracht. Für sie war immer irgendwie gesorgt. Das war ihre Erfahrung.

Sophie sinnierte: Wenn mehrere Menschen doch auf ihr Inneres hören mögen. Innerlich aufstehen in sich selbst, sich so nicht mehr behandeln lassen wollten, sich selbst achten mögen, sich selbst respektierten, dann würde es doch auch ab einer gewissen Anzahl von Menschen eine Auswirkung auf und in unserer Gesellschaft haben. Kaum auszudenken, wenn die Menschen sich von innen her leiten ließen, würde z.B. die gesamte Wirkung unserer Werbung ausgehebelt werden.

Das hieße eine Veränderung von innen, würde eine Veränderung im außen nach sich ziehen. Dies freute Sophie. Gleichzeitig wusste sie auch, ihr Part ist es, ihren Weg zu gehen und auf ihr Inneres zu hören, ihm mehr Raum in ihrem Leben zu geben. Sie wollte lernen mit ihrer inneren Stimme in Einklang zu leben. Da sie darin bislang noch nicht so geübt war, wollte sie ihr derzeit den Vorzug geben und sich darin einüben.

Sie spürte, wenn ich selbstbestimmt auch nur einige wenige Schritte, ggf. auch noch ungeübte gehe, hat dies auf mein Erleben, auf meine Erfüllung und Gesundheit eine ungemeine Auswirkung.

Sie erkannte jetzt, dass diese Fremdbestimmung, dieses fremdbestimmt werden das ist, was so viel Druck aufbauen kann, soviel Sinnlosigkeit u.v.m.....

Sophie spürte die Bedeutung und Dringlichkeit, sich mit den Umständen und Situationen, in denen die Menschen in unserer Gesellschaft lebten, bewusst auseinanderzusetzen. Sie wollte für sich eine persönliche, eigenständige Meinung und Haltung suchen und finden.

Wer nicht b e w u s s t lebt, wird gelebt.

Sie fühlte, es steht und fällt alles damit, sich selbst, ihr eigenes Inneres zu achten und es jeweils in sein eigenes Leben einzubeziehen.

Sich selbst achten, sich selbst respektieren. Das war jetzt wichtig.

Aus eigener Erfahrung wusste sie, wer anders lebt, der wird auch so von seinen Menschen wahrgenommen und auch oft dementsprechend behandelt.

Ein selbstbewusst auftretender Mensch, wie wird der von seinen Mitmenschen behandelt?

Eine Person, die es z.B. allen recht machen möchte.... wie wird sie von ihren Mitmenschen behandelt?

Sophie spürte, sie wollte lieber ihr Leben für etwas einsetzen was für sie persönlich einen Sinn ergab.

Besser ein Original sein, als eine Kopie von anderen. Die Zeit, das eigene Leben vertun und verspielen, das wollte sie auf keinen Fall. Sie erlebte es so, als wenn das, was sie tat, wofür sie sich entschieden hatte, eigentlich ewig bleibt.

Sie fühlte: für sie ist die Zeit dazu reif, diesen Weg zu gehen, in ihrem Rhythmus. Ja, der Weg ist das Ziel, kam es ihr in den Sinn.

Fragen

1. Spürst du persönlich Druck in deinem Leben?
Druck von außen oder Druck, den du dir ggf. auch selber machst?

2. Wie gehst du mit diesen Druck um? Hälst du ihn aus? Oder ????

3. Nimmst du eine, deine innere Stimme bewusst wahr?

4. Weißt du darum, wenn du dieser inneren Stimme mehr Aufmerksamkeit schenkst, dass sie immer klarer und deutlicher wird?

5 Ein funktionierender Mensch, fühlt er sich lebendig? Ist er lebendig?

6. Hast du das schon mal so gesehen? **Wer nicht b e w u s s t lebt, wird gelebt**?

7. Bist du selbst bereit, für ein menschenwürdigeres Miteinander in der Gesellschaft, Berufswelt, Freundeskreis einen, deinen Beitrag bewusst zu leisten?

Impulse

1. Schreibe auf, wo und in welchen Situationen sich Druck bei dir entwickelt?

   Beginne zunächst mit einer Situation:

   Stelle dir vor, wie du gerne diese Situation verändert haben willst. Spüre in dich hinein, wie du dann lebst, wie du dann fühlen wirst, wie du dich dann verhalten wirst.

   Und verhalte dich fortan so, wohlwissend, vertrauend darauf, dass es so ist.

2. Suche dir einen Aspekt aus der Berufswelt, aus dem gesellschaftlichen Miteinander aus, den du durch dein persönliches, bewusstes Zutun wieder beleben möchtest.

   Übe diesen Aspekt bewusst ein!

   Schau` und erspüre, was diese Umsetzung in dir auslöst, was sie mit dir macht.

7.

Aufbruch

**Alles beginnt
mit der Sehnsucht.**

(Nelly Sachs)

Auf ...... zu mir.

Auf ...... zu mir.

Steh' zu dir.

Steh' auf - in dir.

Steh' in dir.

Sag JA -

JA zu dir -

deine Seele hat es schon längst getan.

Und du?

Warum zögerst du?

Erfahre dich selbst

Ja - es lebt und atmet in dir / in mir.

Es atmet in mir, ICH B I N.

Sophie machte sich daran, eine Wohnung mit Garten in ländlicher Umgebung zu suchen. Mit viel Glück fand sie relativ schnell eine passende Wohnung mit etwas Garten. Nicht zu groß und nicht zu klein. Sie war gerade richtig für sie. Ihre Freunde und Geschwister halfen ihr sowohl bei der Renovierung der Wohnung als auch beim späteren Umzug.

So befand sich Sophie innerhalb von einigen wenigen Monaten in einer vollkommen neuen, gewünschten Situation.

Das Überraschendste war, es fügte sich alles so, wie sie es sich vorstellte. Klar, war es eine etwas bewegte Zeit gewesen, doch innerlich fühlte es sich so was von richtig an, so dass Sophie innerlich zufrieden und froh war.

Zudem hatte sie in dieser Zeit einen sehr schönen Traum.

Sie befand sich bei einem Waldspaziergang. Es fühlte sich so real an für sie, dass sie förmlich spürte, wie der Boden unter ihren Füßen fast ein wenig nachgab, so als ob er ein bischen wippte. Sie spürte den Wind, wie er sachte über ihr Gesicht wehte, er streichelte sie. Ebenso durchfluteten die Sonnenstrahlen, die durch die Baumkronen hindurch schienen, ihr Gesicht und ihren Körper sachte mit Licht.

Ein Gefühl der Freude erwachte und nahm Raum in Sophie. Beim Weitergehen hörte sie das Gezwitscher der Vögel in den Baumwipfeln; es klang so frei, so fröhlich. Sie roch den Duft von Holz, Blättern und frischer, unverbrauchter Luft. Der Duft stärkte und belebte Sophie.

Beim Einatmen war es ihr so, als wenn sie mit jedem Atemzug dieses Licht, diese Freude, das Leben in sich einatmete und beim Ausatmen entschwand alles, was Sophie zuvor belastete, eingeengt hatte, vor allem ihr innerer Druck.
Einfach aus-, einfach weg - atmen.

Leben, Licht, Freude einatmen und den Druck, die Last .... ausatmen.

So ging Sophie eine Weile.
Sie wurde gewahr, wie gut es ihr tat.

In der Ferne sah sie etwas Helles. Als sie diese Stelle erreicht hatte, öffnete sich der Wald zu einer Lichtung. Vor ihr tauchte der klarste See auf, den sie je gesehen hatte. Die Sonnenstrahlen spiegelten sich wie funkelnde Kristalle auf ihm. Im Hintergrund fiel ein leichter Wasserfall, dessen Wasser in den See strömte.

Ergriffen von so viel Schönheit, setzte sich Sophie auf einen Stein. Sie saugte die Harmonie dieses Ortes auf und ließ sich ganz von diesem Zusammenspiel der Elemente - der Erde, dem Wasser, der Luft und der Sonne in Bann ziehen. Alles war so harmonisch, dass sie sich noch tiefer entspannte.

Nach einer Weile fühlte sich Sophie als ein Teil von all dem, was sie sah, eingewoben in diese Einheit.

Als sie dann ihren Blick hob und schweifen ließ, fiel ihr auf einmal eine Inschrift am Rande des Sees auf, sie lautete: **Tritt ein und du wirst rein**.

Sophie entschied sich, ihre Kleidung auszuziehen, legte sie an den Rand des Sees, dann tauchte sie zunächst die Zehenspitzen ins Wasser. Es hatte genau die richtige Temperatur, es war angenehm frisch und kühl, genau so, wie es Sophie gerne mochte.

Sie stieg in den See und nahm zunächst etwas Wasser in ihre Hände und träufelte es behutsam über ihren Körper - bis sie sich daran gewöhnt hatte -, dann tauchte sie ganz ein.

Es fühlte sich so gut an. Während sie sich im Wasser bewegte, spürte sie förmlich, wie nach und nach einiges von ihr abfiel, das, was sie nicht mehr brauchte, das, was eigentlich gar nicht zu ihr gehörte, das, was sich im Laufe der Zeit so angesammelt hatte, was an ihr zerrte. Aller Schmerz, alle

Überforderung, jeder Schmutz, alles, was sie aus ihrem Gleichgewicht gebracht hatte, fiel jetzt von Sophie ab. Alles, was sie immer weiter mit sich herumgetragen hatte, es fiel nach und nach von ihr ab.

Sophie blieb solange im Wasser, wie es sich für sie gut anfühlte.

Als sie so erleichtert aus dem See stieg, fiel ihr Blick auf einen Wasserfall, der gleichmäßig vom oberen Felsen herunterfiel, in diesen See hinein.

Sophie begab sich zum Wasserfall und sah, dass dort etwas in den Felsen gehauen war, *links* stand: **Ehrlichkeit** und *rechts* vom Wasserfall **Respekt dir selbst gegenüber**.

Eine leise Ahnung stieg in ihr hoch und mit der guten Erfahrung von zuvor, stellte sie sich etwas neugierig und auch vertrauensvoll unter diesen Wasserfall.

Es fühlte sich sehr angenehm an. Sachte spülte auch hier das Wasser nach und nach alles von ihr ab, wo sie sich zuvor selbst etwas vorgemacht hatte, wo sie sich selbst gegenüber unehrlich gewesen war, und wo sie dem Äußeren den Vorzug gegeben und sich selbst dabei verraten hatte, ihr Inneres.

Unter diesem Wasserfall wurde sie nun gereinigt, geheilt und mit vollkommen unverbrauchter Energie versorgt.

Sophie wusste nicht, wie es geschah, aber sie fühlte, dass es geschah. Sie fühlte sich **nun leicht, rein und ganz bei sich selbst.**

Sie spürte hin zu dieser Reinheit, Leichtigkeit und Kraft, die dadurch in ihr entstanden waren.

Aus ihr tauchte der Gedanke auf, wenn ich will, kann ich diesen See und Wasserfall besuchen, wann immer ich es möchte.

Sie blieb so lange wie es sich gut für sie anfühlte. Es war ihr so, als befände sie sich jetzt wieder in ihrem heilen, ganzen Ur-zustand.

Beim Verlassen des Wasserfalls dankte ihm Sophie und auch dem See und begab sich dann zu ihrem Kleiderbündel.

Als sie es aufheben wollte, bemerkte sie, dass es sich zwischenzeitlich verändert hatte. Auf einmal lagen da genau die **Kleider, die ihrem jetzigen Zustand** entsprachen.

Sie faltete die Kleider auseinander und schaute sie sich genau an. Sie fuhr mit ihren Fingern über den schönen, edlen Stoff. Er war so weich, wie sie ihn noch nie zuvor gefühlt hatte.

Sophies Augen können sich gar nicht satt sehen an so viel Schönheit. Vorsichtig zog sie die Kleider an und spürte in diese neue Energie hinein, die dadurch auf sie überging.

Die Kleider ließen Sophie würdevoll, leicht und stolz schreiten. Sie fühlte in sich hinein, erspürte die Veränderung in sich selbst. Dann schaute sie ihr **Spiegelbild im See**, dort sah sie ein anmutiges, würdevolles, aufrechtes Wesen.

Tief angerührt von diesen, ihrem Anblick, voller Staunen machte sie einige Freudensprünge und tanzte anmutig, froh und losgelöst unter der Sonne, bis sie sich auf eine Decke auf die Wiese fallen ließ.

Sophie wachte so beschwingt, froh und angefüllt auf. Was für ein Traum! dachte sie, und er kam ihr so real vor. Gleichzeitig hatte sie eine Hilfe für ihren Alltag geschenkt bekommen, die sie bei Bedarf immer wieder für sich anwenden konnte. Einfach toll.

Nach dem Frühstück setzte sich Sophie hin, um das im Traum erlebte zu Papier zu bringen. Das frohe, reine Gefühl nahm sie mit in ihren Alltag. Freudig erinnerte sie sich während des Tages an den Traum.

Fragen

1. Weißt du, dass jeder Einzelne einen eigenen, persönlichen Rhythmus hat, sowohl beim Gehen, beim Arbeiten, ja, bei allem?

2. Weißt du, dass ein Leben nach und in deinem eigenem Rhythmus bei dir Gesundheit, Wohlergehen und Glück fördert? Im Gegensatz dazu, dass Außerachtlassen deines Rhythmus und das dich anpassen an anderen Rhythmen dich innerlich, gesundheitlich beeinträchtigen kann?

3. Kannst du Ja zu dir selbst sagen? Dich selbst so bejahen wie du bist?

4. Hast du dir schon mal selbst verziehen, wenn du einen Irrtum, einen Irrglauben dir selbst gegenüber erkannt hast?

5. Eine neue Situation, bietet auch neue Möglichkeiten? Wünscht du dir ggf. eine Situation, ein Verhalten zu verändern?

Impulse

1. Wenn du z.B. eine Eigenart an dir erkennst, die du noch nicht ganz bejahen kannst, übe dies bewusst ein.

2. Atem-übung:

   Der Atem ist das, was uns bewusst mit dem Leben verbindet.
   Diese Übung kann z.B. im Liegen mit etwas Entspannungsmusik oder auch bei einem bewussten Gehen eingeübt werden.

   Durch bewusstes Einatmen:
   atme Leben, Licht, Vertrauen ein.

   Durch bewusstes Ausatmen:
   atme alles belastende, den Druck aus

3. **Tägliches Einüben**

Wo warst du heute ehrlich dir selbst gegenüber?
Hast du dich selbst respektiert?

4. Übe ein dir selbst zu vertrauen.
Beginne mit einem konkreten Ereignis, Vorsatz und reflektiere deine Verhaltensweise am Tagesende.

Sinnvoll ist es die Übungen einzeln, nacheinander durchzuführen. Spüre in dich, welche dich zur Zeit "anlacht".

8.

Neues Leben

**Wir empfangen die Weisheit nicht,
wir müssen sie für uns selbst
entdecken,
im Verlauf einer Reise,
die niemand für uns unternehmen
oder uns ersparen kann.**

(Marcel Proust)

Bis auf wenige Kleinigkeiten hatte sich Sophie Zuhause fertig eingerichtet, alles war bereits an Ort und Stelle.

Der Garten war vom Vorbenutzer schön angelegt worden. In der Mitte befand sich ein grüner Rasen und rundherum war dieser durch Blumen und Sträucher umgrenzt. Die Blumen waren alle winterfest, hatte man ihr bei der Vermietung mitgeteilt. Sophie hatte sich entschieden, den Garten dieses Jahr erst einmal so beizubehalten, wie er angelegt war. Nur an einer kleinen Stelle wollte sie ihn durch eine Kräuterecke ergänzen.

So konnte sie jetzt mit dem eigentlichen beginnen: den Tagesrhythmus so zu gestalten suchen, dass er ihrem Inneren, ihrem jetzigen Lebensmoment entsprach und eine innere Entwicklung begünstigte. Sie war weiterhin fest entschlossen, alles dafür zu tun. Heute stand sie deswegen gegen 7.30 Uhr auf. Nach der Hygiene, zog sie sich mit einer Tasse Kaffee zurück - offen für die Stille.

Sie spürte, dass sie ihrem Innern den Vorrang geben musste und wollte: diesem Lauschen und wach sein für ihre innere Stimme. In den Büchern, die sie zuvor gelesen hatte sagte z.B. Eckhard Tolle, dass er, in einer ähnlichen Situation monatelang ruhig, still auf einer Parkbank zugebracht hatte. Na dann, dachte Sophie, packen wir es an.

Durch all das vorher Geschehene war sie weiterhin fest entschlossen diesen, ihren Weg zu gehen. In ihr war diese Überzeugung herangereift. Erklären konnte sie es sich zu diesem Zeitpunkt noch selbst nicht weiter, aber sie spürte, ihr Inneres war reif für diesen Moment der Wahrheit, für die Begegnung mit sich selbst. Reif für das Erlauben und das Geschehen Lassen.

Nach ca. 1 Stunde frühstückte sie.

Es war gerade Frühjahr. So war es morgens schon hell. Es war auch eine schöne Jahreszeit, um etwas Neues entstehen zu lassen, ging es Sophie durch den Kopf. Die Natur begleitete ihren Neuanfang mit. Die Zweige an den Bäumen trugen bereits Knospen und auch einige Blumentriebe ragten schon etwas aus der Erde. Ja, auch die Natur war im Aufbruch, und die Vögel zwitscherten nach dem Winter wieder fröhlich darauf los. Sophies Herz öffnete sich.

Nach dem Frühstück checkte Sophie zunächst ihre e-mails und las die Neuigkeiten im Internet. Danach begab sie sich in den Garten und begann, die trockenen Äste abzuschneiden, die Erde etwas aufzulockern, so dass weitere Blumentriebe später gut der Sonne entgegen blinzeln konnten.

Toll, einfach so Zeit zu haben. Zu tun, zu spüren, was mir so in den Sinn kommt, dachte Sophie, während sie eine kleine Pause einlegte und eine Tasse Kaffee trank. Die anderen, die ehemaligen Kollegen und viele ihrer Mitmenschen arbeiteten jetzt.

Sophie schaute in den Himmel, dort sah sie einen großen Vogel mit ausgebreiteten Flügeln. Er ließ sich einfach von den Luftströmungen tragen, ohne seine Flügel zu bewegen. Es wirkte so leicht, so spielerisch.

Bald war es Mittag. Was sollte ich mir zu essen machen?, fragte sich Sophie. Früher konnte sie in der Kantine essen. Jetzt galt es, sich selbst Gedanken darüber zu machen, zuvor einzukaufen und es zuzubereiten. Dieses Mal improvisierte Sophie etwas. Nach dem Mittagessen schwang sie sich wieder aufs Rad und fuhr hinaus in die Natur.

> **Ergehe dich des öfteren in Wälder statt in Büchern oder Tablets. Bäume und Steine werden dich mehr lehren, was du von Magistern nicht zu hören kriegst.**
> Bernhard von Clairvaux

Sie spürte dabei, dass es ihr gut tat, zum einen diese körperliche Bewegung und zum anderen, das in der Natur sein, sich selbst der Natur zu öffnen.

Am Nachmittag Zuhause angekommen, machte sie sich zunächst etwas frisch und ging dann wieder für ca. eine Stunde in die Stille.

Im Anschluss daran machte sie sich einige persönliche Notizen und ging etwas ins Internet.

An diesem Abend spürte Sophie, dass dieser heutige Tagesablauf ein Rhythmus für sie sein könnte, um ihrem Inneren nachzuspüren, ihm mehr Raum in sich selbst und in ihrem Leben zu geben.

Einer ihrer Nachbarn hatte einige Hühner. Abgesehen davon dass sie morgens und abends - manchmal auch tagsüber - krähten, zeigten sie ihr aber auch einen Rhythmus auf.

Die Hühner wurden fast mit der Sonne wach und abends, wenn die Sonne unterging, zogen sie sich zurück. Sophie bemerkte, dass man im Zusammenleben mit der Natur wieder die Möglichkeit hatte, eher seinen eigenen biologischen Rhythmus wiederzuentdecken.

In der Stadt standen auf jeder Straße mehrere Laternen. Das künstliche Licht konnte die Nacht zum Tage machen. Dort war es auch sinnvoll. Die Menschen gingen zur Nachtschicht oder wollten am Abend ausgehen. Viele verbrachten den Feierabend mit einem Glas Wein oder einer Flasche Bier vor dem Fernseher. So manche ließen sich dort "berieseln". Das war ein vollkommen anderer Lebensrhythmus, als der, den Sophie gerade ausprobierte.

So erlebte Sophie sich selbst, wie sie langsam begann, sich diesen neuen Lebensumständen zu öffnen. Innerlich wach, erspürte sie, wie auf einmal - so schien es zumindest - das Leben selbst zu ihr sprach.

In dem Maße wie Sophie sich selbst erlaubte, in ihrem Leben und Alltag ihrem Inneren Raum zu geben, begann sich einerseits das Leben mit ihr auszutauschen, andererseits wurde sie so auch in eine Situation gebracht, ihr bisheriges Verhalten, das Verhalten in der Gesellschaft u.ä.m. klarer zu sehen und zu überdenken. Es eröffneten sich ihr neue Handlungsspielräume und sie konnte neue Verhaltensweisen ausprobieren.

Sophie spürte, dass sie jetzt die Wahl hatte, sowohl das eine zu tun wie auch das andere zu lassen. Kein eintöniges Leben mehr, sondern sie konnte jetzt selbst bestimmen, wie sie leben wollte, in welchem Rhythmus sie ging, was ihr persönlicher Lebensrhythmus war.

Heute entschied sich Sophie für das Fernsehen, so wie sie es noch gewohnt war. Gleichzeitig diente es ihr auch als Verbindung nach außen in die Welt, um zu sehen, was draußen vor sich ging.

So lebte Sophie sich in diese neue Art des Lebens ein. Eines Tages gab ihr eine neue Bekannte eine Visitenkarte von einer Frau, die suchende Menschen, Menschen, die einen inneren Weg gehen möchten, begleitet.

Wundersam, so viele Jahre habe ich anders gelebt, funktioniert und jetzt, wo ich mich entschieden hatte, einen neuen Weg für mich zu gehen, meinem Inneren zu folgen, tauchen auf einmal hier und da neue Personen, neue Wegweiser auf.

Sophie freute sich über diese Information. Seitdem sie von der Existenz dieser Person wusste, dachte sie oft daran. Es wäre schön, sich von jemandem begleiten lassen zu können, der diesen Weg zuvor selbst gegangen ist, und der in dieser Folge Menschen auf dem Weg zu sich selbst dann auch gut begleiten konnte.

Heute rief Sophie diese Frau an und bekam einen Termin in vier Wochen. Sie freute sich sehr darüber.

Der Schlüssel

Einfach sind die genannten Schritte,
schwer ist's beizubehalten den Tritt.

Der Schlüssel liegt allein
im täglichen Gebrauch,
willst du es denn so ..... auch?

Dann geh' voran auf diesem Weg,
bis hin zu diesem Aha-Effekt,
diese Erfahrung wird dich
weiter anziehn,
hin zu dir selbst ... weiter
auf diesem Weg
voran zu gehen.

„**Der höchste Lohn**
für unsere Bemühungen
ist nicht das,
was wir dafür bekommen,
sondern das,
was wir dadurch werden."

John Ruskin

Fragen

1. Bist du selbst von irgendetwas so überzeugt, dass du dafür neue Wege gehst?
Wovon bist du so fest überzeugt?

2. Glaubst du daran, dass dein Inneres dir deinen Weg weisen kann?

3. **Täglich ein paar Minuten:** Ihre ganze positive Wirkung entfaltet das Mittel der Stille dann, wenn du dich täglich ca. 10 bis 20 Minuten Zeit dafür nimmst. Am besten immer zur selben Zeit (Gewohnheitseffekt).

Mögliche Nebeneffekte: Nach einiger Zeit wirst du feststellen, dass du positiver in die Welt gehst, dass du dich lebendiger und bewusster fühlst, dass du toleranter wirst und das Leben mehr genießen kannst. Du wirst auf eine ganz natürliche Weise gelassener.

4. Vertraust du dir selbst? Oder mehr den Anderen?

5. Bist du bereit ganz dir selbst zu vertrauen? Oder ..... was hindert dich daran?

6. Im Strom der Zeiten mit zu schwimmen ist einfach, da ist man selten allein.

   Aber wo denkst du verbergen sich "die Schätze"?

   An der Oberfläche oder wo?

   Was willst du? Jetzt?

Impulse: <u>Übungen</u>

- Nimm' dir jeweils morgens und abends Zeit für dich selbst - wenn es möglich ist immer zur selben Zeit.

- Nimm am besten ein Heft dazu, schreibe täglich ca. 3 Erlebnisse auf, die dich

    a) erfreuen an diesem Tag und
    b) die dich störten, verletzten, die dir "negativ" nachgingen.

- Höre auf dich selbst; spüre hin zu dir.

- Nachdem du diese Übung z.B. einen Monat lang durchgeführt hast, nimm' dir tagsüber etwas Zeit zur Nachbereitung, zur Durchschau deiner Aufzeichnungen.

- Erkennst du hier einen roten Faden?
- Oder erkennst du eine Entwicklung?
  Fahre wie gewohnt fort mit dieser Übung.

9.

Der inneren Stimme lauschen

**Blicke in dein Inneres.
Da ist die Quelle des Guten,
die niemals aufhört zu sprudeln,
wenn du nicht aufhörst zu graben.**

(Marc Aurel)

Einstellung

Tief in dir - ja - da schlummert ein Schatz
wusstest du das?

Es gibt Menschen, denen alles gelingt.

Warum?

Weil sie Sonntagskinder sind?

Trefflicher: weil sie aus dieser ihrer Quelle trinken.

Soll auch dir dies gelingen?

Dazu gilt es wie beim Radio die Frequenz einzustellen

- dann mag auch dir das A L L E S gelingen...

Sophie hatte sich nun gut eingelebt, hatte einen Tagesrhythmus und den Inhalt ihres neuen Lebens gefunden. Hinzu kam, dass sowohl die Gartenarbeit als auch das Radfahren ihr einen schönen Ausgleich boten und gleichzeitig auch gute Lehrmeister waren.

Ja, sie hatte das Gefühl, dass die Natur sie lehrte, dass sie aus der Natur, aus den Vorgängen in ihr Lehren für sich selbst, für ihr Leben ableiten konnte.

Jeden Morgen nach ihrer ersten Stille-zeit, schrieb Sophie Vorkommnisse wie z.B. einen Traum aus der Nacht auf oder beschrieb auch ihr gegenwärtiges Lebensgefühl. Abends vervollständigte sie ihre Aufzeichnungen von dem am Tag erlebten - wie und was sie so erlebte, in welche Richtung sie strebte.

Noch verstand sie nicht alles, aber etwas drängte sie, das bisher Erkannte umzusetzen. Obgleich Sophie weniger Arbeit hatte, weniger soziale Kontakte und auch weniger Geld zur Verfügung, irgendwie fühlte es sich trotz alledem gut an. Sie fühlte sich erfüllt von dem Leben, das sie derzeit führte. Sie fühlte sich lebendig.

Der Verstand meldete sich manchmal zu Wort mit einigen Überlegungen, Zweifeln. Was hatte sie doch alles aufgegeben, und was hatte sie dafür erhalten? Doch das geschah nur ganz selten. Es fühlte sich richtig gut an für sie, zur Zeit so frei zu leben. Weiter konnte sie es auch nicht beschreiben.

Eines nachts träumte Sophie:

Sie läge auf einer schönen, grünen, mit *Blumen* übersäten Wiese. Sie spürte den weichen, duftenden Untergrund.
Über ihr dehnte sich ein schöner, klarer blauer Himmel aus.

Sophie atmete tief die Schönheit, die Reinheit dieser unberührten Natur in sich ein.
Beim Anheben ihres Kopfes bemerkte sie, dass in der Ferne, rechts von ihr etwas aufblitzte. Neugierig begab sie sich dorthin und suchte, was dieses Aufblitzen verursachte. Vor ihr standen einige Sträucher. Sophie bog sie beiseite, und zu ihrem Erstaunen entdeckte sie einen Eingang in eine Höhle, wie es schien. Dort sah sie auch dieses Metall, was wohl von der Sonne angestrahlt wurde.

Mhm, Sophies Neugierde war geweckt und ihr folgend, betrat sie das Innere der Höhle. Anfangs fiel noch ein wenig Sonnenlicht ein, doch nach und nach begann es dunkler zu werden und sie tastete sich vorsichtig voran.

In der Ferne erkannte sie etwas Helles, einen Lichtschein oder etwas Ähnliches.
Sophie ging zunächst vorsichtig, tastend diesem Licht entgegen. Je weiter sie ging, umso größer wurde dieser Lichtschein, bis sie schließlich am Ende diesen Ganges in einem gewölbten Raum stand. Unmittelbar vor ihr befand sich nun eine große, mit

eisernen Beschlägen verzierte, offene und prall gefüllte Truhe! Wow!!!

Ihre Augen wanderten über diese Schätze, die aus der Truhe hervorquollen, neben ihr lagen und um sie herum. Einfach alles war voll von diesen Schätzen, angefüllt von goldenen, silbernen Gegenständen und funkelnden Edelsteinen. Es schien, dass dieser Schatz den Lichtschein erzeugte.

Sophie ließ überwältigt ihre Augen schweifen. Sie konnte sich gar nicht satt sehen, an so viel Schönheit und Anmut, die sie zuvor noch nie gesehen hatte.

Plötzlich bemerkte sie, wie von der Seite ein Wesen an sie herantrat und sie zaghaft umarmte. Sophie ließ es geschehen. Es fühlte sich wundersamer weise sehr gut an, so vertraut. Sophie spürte eine innige Freude in sich aufsteigen.

Nach einer ganzen Weile sprach das Wesen zu ihr: "Endlich bist du da".

Sophie war zunächst überwältigt, wartete jedoch ab. Das freundliche, angenehme Wesen führte weiter aus:

"All die Jahre habe ich hier diesen deinen Schatz gehütet, für dich".

Sophie war sprachlos, verwundert, ließ alles auf sich wirken.

"Spüre, wie toll, wie Erhaben er ist", ermunterte es Sophie. "Er ist dir gegeben worden. Erinnerst du dich?"

Sophie war ergriffen und etwas verstört zugleich. Ja, es fühlte sich gut an. Sie fühlte etwas sehr Vertrautes, sowohl im Umgang mit diesem Wesen als auch mit diesem Schatz.

"Hast du eine Ahnung, warum du gerade jetzt hier bist?", wurde Sophie gefragt.
Der Hauch einer Ahnung war vielleicht da, aber sie schüttelte unsicher und bedächtig ihren Kopf.

"Nun ... jahrelang suchtest du im Außen. Spürtest, dass dort alles anders lief , - wenn du ehrlich bist - hat es dich eigentlich auch nie ganz zufrieden gestellt.

Deine Unruhe, deine Suche, deine Neugierde, sie haben dich hierhin, haben dich **Heim gebracht**.
Spüre in dich hinein, wie es sich anfühlt, atme tief ein.

Die Zeit ist da, in der sich einige wieder auf diesen Weg machen, erneut mit mir, mit diesem inneren Schatz zu leben und ihn heben wollen.

Ihn so in ihr Leben ins HIER und JETZT ein lassen möchten.
Es liegt an dir.
Wisse: Jeder hat seinen Schatz und auch seinen persönlichen Zeitpunkt, wann er sich wieder mit ihm, mit mir vereinen wird.

Wie du dich entscheidest und auch wann du kommst.

Alles ist gut.

Sei gewiss. Ich bin hier und warte auf dich."

Dann entschwand dieses Wesen wieder aus ihrem Blickfeld.

Sophie sah sich noch einmal um - angetan von so viel Schönheit.

Ganz erfüllt von dieser beeindruckenden, persönlichen Begegnung, wachte Sophie in diesem Moment langsam auf. Sie realisierte, dass sie sich in ihrem Bett befand.

Dieser Traum! Noch im Wachen war Sophie ganz davon angetan. Es war alles so real gewesen. Das Erlebte ging ihr noch lange nach und sie erinnerte sich oft und gerne daran.

Ja, ich bin der Schatz,
so habe ich es jetzt erlebt.

Ja, es gilt -

diesen Schatz zu heben,
fortan auf ihn hin zu leben,
bis ich ihn dann auch erfühle
in mir - innen drin,
diesen Schatz, der ICH BIN.

Fragen

1. Verbringst du Zeit in der Natur? Regelmäßig?
   Wie geht es dir danach?

2. Deine eigene persönliche Verwirklichung, innere Entwicklung, denkst du an sie?
   Setzt du sie um? An welcher Stelle steht sie in deinem Leben?

3. Tauschst du dich mit Menschen über dein Inneres aus?

4. Kennst du einen Menschen, der diesen inneren Weg gegangen ist?

5. Willst du selbst zielorientiert deinen inneren Weg gehen.

Impulse

1. Setze z.B. nur für einen Tag deine Selbstverwirklichung an die erste Stelle und schreibe am Tagesende deine Erfahrungen auf.

2. Ermutigt es dich, so bewusst weiterzumachen?

10.

Der Weg ist das Ziel

**Du musst wissen,
dass dein wahres Zuhaus
im Innern liegt.**

(Q. Jones)

Sophie hatte heute ihr erstes Gespräch mit der Frau gehabt, welche suchende Menschen begleitete.

Sowohl während des Gespräches wie auch im Nachhinein fühlte sie sich dort verstanden und gut aufgehoben. Auch traf sie dort einige weitere Menschen, die sich ebenfalls auf diesem Weg befanden.

Dies alles erfreute Sophie sehr und ermutigte sie, ihren Weg zu ihrer eigenen inneren Mitte weiter zu gehen.

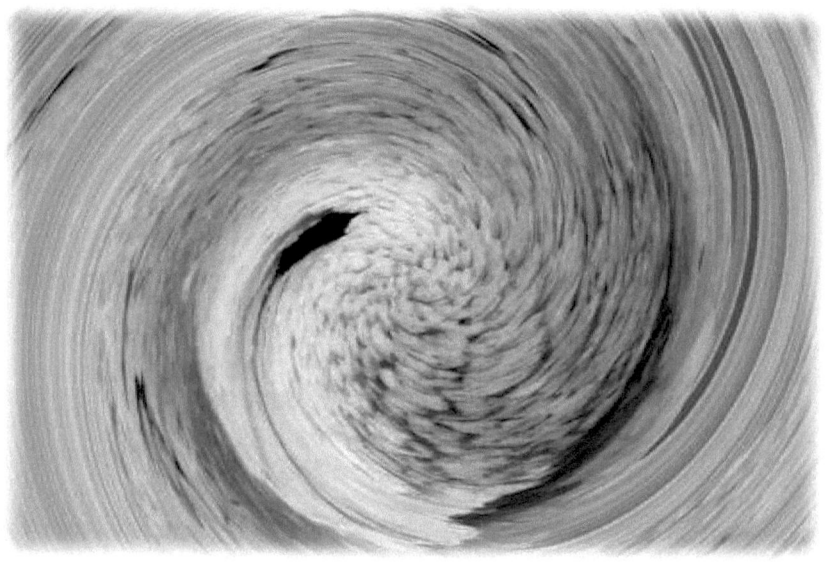

Kern-geschäft

Suche ich im Alltag mich an etwas zu erinnern,
werde ich still und geh in mein Inneres.
Manchmal taucht's dann auf in mir - welch` Freude -
Ein anderes Mal ergänzen meine Lücke dann meine Freunde.
Um wie viel mehr gilt es in mich zu geh'n,
wenn ich spüren will, hin zu mir, zu meinem Kern.
Wohl wissend, der Kern ist innen - in der Mitte -
umhüllt von verschiedenen Verhaltens-, Gewohnheits-, Schutzhüllen.
Wie bei einer Zwiebel heißt es sich zu enthüllen.
Den Weg dorthin, wie kann ich ihn finden?
Entscheide dich dafür, und er zeigt sich dir.
Viele Worte und Erklärungen helfen hier nichts,
die Umsetzung allein bringt es dir an's Licht,
bringt dir die Freude, das Leben,
die Erfüllung wieder zurück.

Allein   s p ü r e n   und   h a n d e l n

und so durch's Leben wandeln.

Sophie wusste um diese Anwendung:

fühlen und handeln und in ihrem eigenen Lebensrhythmus, welcher ihr gut tat, voranzuschreiten.

Ebenso wusste sie auch aus eigener Erfahrung, dass sie selbst gerne eine Ordnung hatte. Denn "Ordnung die du hältst, trägt dich". (Sagte schon der hl. Augustinus).

So lebte Sophie weiterhin in ihrem Rhythmus, froh und dankbar über den Mut den sie am Anfang dieses Weges gefunden hatte und der diesen Perspektivwechsel in ihrem Leben ermöglicht hatte.

Ab und zu erlebte sie kleine Licht - blicke, in denen Antworten förmlich aus ihrem Innern heraus auftauchten.

Diese spornten sie an und oft ergaben sich heraus auch wieder neue. anzustrebende Ziele.

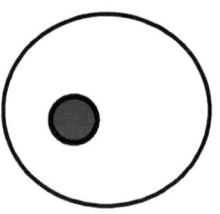 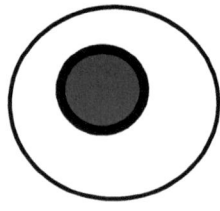

In einigen Momenten erlebte sie bewusst, das Geschenk dieser besonderen Zeit, die das Leben ihr geschenkt hatte und sie hatte das Geschenk bereitwillig angenommen und geöffnet.

In diesem Zusammenhang erinnerte sich Sophie einiger Worte von Nelson Mandela:

Jeder Mensch ist dazu bestimmt, zu leuchten!

"Unsere tiefgreifendste Angst ist nicht,
dass wir ungenügend sind,
unsere tiefgreifendste Angst ist,
über das Messbare hinaus kraftvoll zu sein.

Es ist unser Licht, nicht unsere Dunkelheit,
die uns am meisten Angst macht.

Wir fragen uns, wer ich bin, mich brillant, großartig,
talentiert, phantastisch zu nennen?

Aber wer bist Du, Dich nicht so zu nennen?

Du bist ein Kind Gottes.

Dich selbst klein zu halten,
dient nicht der Welt.

Es ist nichts Erleuchtetes daran,
sich so klein zu machen, damit andere um Dich
herum sich nicht unsicher fühlen.

Wir sind alle bestimmt, zu leuchten,
wie es die Kinder tun.

Wir sind geboren worden,
um den Glanz Gottes,
der in uns ist, zu manifestieren.

Dieser Glanz ist nicht nur in einigen von uns,
er ist in jedem einzelnen.

Und wenn wir unser Licht erstrahlen lassen,
geben wir unbewusst
anderen Menschen die Erlaubnis,
dasselbe zu tun.

Wenn wir uns von unserer Angst befreit haben,
wird unsere Gegenwart
ohne unser Zutun
andere befreien."

(Nelson Mandela, ehem. Staatspräsident Südafrika, Antrittsrede 1994)

11.

Anzustrebendes Ziel

**Das einzig wahre Geschenk,
ist ein Stück
von sich selbst.**

(R.W. Ermerson)

Sophie wusste um den Mut, den es am Anfang gebraucht hatte, um sich für diesen Weg zu entscheiden. So war es zumindest bei ihr gewesen.

Auch Nelson Mandela wusste seinerzeit darum und hat es gut beschrieben.

Sie ahnte aber auch, je mehr Menschen auf diesem Weg gehen, desto leichter, selbstverständlicher wird er dann auch irgendwann für andere Menschen. So ging es zumindest ihr, sie hatte sich immer über gute Vorbilder in ihrem Leben gefreut.

So bedanken wir uns an dieser Stelle bei Sophie, bei all den Menschen, die uns in unserem Leben ein Vorbild gewesen sind, die ihren inneren Weg, den Weg zu ihrer eigenen Mitte gegangen sind, ihn weiterhin gehen und ihre Erfahrungen bereitwillig mit uns teilen, um uns ihrerseits zu ermutigen, auch auf ihm zu gehen.

So bleibt nun :

Auf zum Kern!

Dabei wollen wir

die Entwicklung der Lichtblicke

in uns selbst,

Lichtblicke des bewussten Seins

fördern,

sie durchleben,

bis hin

zur Mitte.

Nachwort

An - regung

will ich geben,

Er - mutigung

zum Umschwung.

Innere Konjunktur ankurbeln -
ohne viele Worte drum herum.

Allein deine Erfahrung wird dir zeigen,
wird dich lehren,
um in dir das Licht, die Klarheit,
den Sinn und die Freude zu beleben.

Ja, davon gebe ich Zeugnis
hier in dieser Welt.

Weißt du nun um meinen Herzenswunsch?

Dich mitnehmen zu diesem Event.

Neugierig geworden?

Egal, wo du bist
und wie du derzeit lebst....

Hauptsache ist, dass du es
von ganzem Herzen erstrebst:

Dies ist der Anlass zu diesem Buch.....
und nun: Versuch es !

Denn: Willst du dein Glück in Händen
halten

dann komm -

lass es nicht länger auf dich warten.

Viel Glück !

www.seelencoaching.org